www.tredition.de

AF197874

Für alle,
mit denen ich
auf dem Weg bin.

Für alle,
die ihren eigenen
Weg suchen
und gehen.


Für alle,
die glauben,
lieben, hoffen …

# Die Autorin

Die Autorin mit ihrer Colliehündin "Zala Melody of Golden Gate"

Birgitta Zörner, geboren 1960, studierte kath. Theologie, Germanistik und Pädagogik und unterrichtet seit vielen Jahren an der Edith-Stein-Schule in Darmstadt.
Die Liebe zur Literatur, vor allem auch zur Lyrik, verbunden mit Religion, Philosophie und Kunst begleitet ihr Leben.
Ihr Gedichtband „Hoffnungsrosen" entstand in einer schweren Zeit ihres Lebens und zeigt die Sinnhaftigkeit des Daseins, die Hoffnung als Lebensprinzip und das Getragensein auf dem Lebensweg.
Das philosophische Märchen „Bluerose 131" geht den Weg der Suche und des Findens – hin zur Selbsterkenntnis und zum hoffnungserfüllten Dasein.

Birgitta Zörner

# Bluerose 131

Ein philosophisches Märchen

www.tredition.de

Umschlaggestaltung, Illustration: Birgitta Zörner
Satz, Korrektorat: Corinna Podlech, Hamburg

Bildrechte: © Birgitta Zörner (Privatarchiv)

Verlag: tredition GmbH, Hamburg
ISBN: 978-3-8495-3806-4
Printed in Germany

Bibliografische Information der Deutschen Nationalbibliothek: Die Deutsche Nationalbibliothek verzeichnet diese Publikation in der Deutschen Nationalbibliografie; detaillierte bibliografische Daten sind im Internet über http://dnb.d-nb.de abrufbar.

# Inhaltsverzeichnis

# Prolog

## PAX ET BONUM

« Nach Innen geht der geheimnisvolle Weg. »

(Novalis)

Encaustic-Kunstwerk von Gerald Hohos,
das dieser für mich gemalt hat.

## Bluerose

Dein Blick schweift in die weite Ferne

Wo wärst du denn jetzt im Moment gerne

Weit ist der blau geöffnete Himmelsraum

In deinem schönen blauen Rosentraum

Dein Blick schweift hinaus in die Ferne

Wo wärst du denn jetzt im Moment gerne

Im blauen Blumenkleid suchst du den Weg

Der für dich sein möge ein Hoffnungssteg

Suchend den dich erfüllenden Lebensreigen

Zu dir, B l u e r o s e, gehörend ganz eigen

# I    Einladung

Angeregt durch den romantischen Traum von der „Blauen Blume", meiner Liebe zur Literatur und die Beschäftigung mit der Philosophiegeschichte ist auf meinem Weg ein kleines philosophisches Märchen entstanden.

„Bluerose 131" besteht nicht nur aus epischen Teilen, sondern einige meiner Gedichte begleiten den Weg der kleinen Philosophin.

Gerne möchte ich Sie einladen, mit mir auf die Suche nach der „Blauen Blume", nach „Bluerose 131" zu gehen und vielleicht etwas auf dem Weg zu finden.

Blaue Blume

Mit tiefer Bedeutung

Ergreife mein Herz

Ich bin auf der Suche

Nach dir

In mein Märchen fließen Zitate von Dichtern, Philosophen und Bibelverse ein, die meinen Weg geprägt haben.

# II   Aufbruch

„Nicht die Schätze sind es,

die ein so unaussprechliches Verlangen

in mir geweckt haben ... fern ab liegt mir Habsucht,

aber die blaue Blume sehn` ich mich zu erblicken.

Sie liegt mir unaufhörlich im Sinn,

und ich kann nichts anderes dichten und denken.“(1)

(Novalis)

---

(1) Novalis, Friedrich Leopold Freiherr von Hardenberg lebte von
1772 bis 1801 und war ein bedeutender Dichter der Frühromantik.
Zitat aus: Novalis, Blaue Blume. Karfunkelstein. Neuwied 1999. S.5.

An einem duftenden Frühlingstag verspürte die kleine Philosophin namens „Bluerose 131" unaussprechliches Verlangen, hinauszugehen in die Weltnatur, im Herzen bewegend drei große Fragen:

„Was können wir wissen?"

„Was sollen wir tun?"

„Was dürfen wir glauben?"(2)

---

(2) Diese drei Fragen beinhalten das ganze Programm der Philosophie. Philosophie heißt aus dem Griechischen übersetzt „Liebe zur Weisheit".

Unzählige Stunden, Tage, Minuten und Sekunden hatte sie sich mit dem intensiven Studium so vieler Bücher befasst.

Ihre Sehnsucht nach Weisheit konnte allerdings nicht gestillt werden, ebenso das Geheimnis ihres Namens „Bluerose 131".

Eine leise Frühlingsmelodie drang durch das Fenster ihres Studierzimmers und „Bluerose" hörte in sich den Ruf, hinauszugehen in die Weltnatur.

Die Tür öffnete sich und „Bluerose" trat im blauen Kleid hinaus.

## Blueroses Aufbruch

In mir hör ich in meinem Lebenskreise

Den inneren Ruf, mach dich auf die Reise

Die in der Frühlingsmelodie zu vernehmenden Rufe

Treffen Bluerose in ihrer momentanen Lebensstufe

In mir hör ich in meinem Lebenskreise

Den inneren Ruf, mach dich auf die Reise

Das innere Fenster geöffnet himmelweit

Ist sie bereit

# III    Sehnsucht

Nach dem Entschluss aufzubrechen wurde es etwas stiller und klarer in ihrer Seele und sie spürte eine tiefe Sehnsucht, die seit langem zu ihr gehörte.

War es die Sehnsucht nach Lebensweisheitswissen, die Sehnsucht nach dem wahren Leben, nach Erfüllung ... die Sehnsucht zu wissen, wer „Bluerose 131" ist, was der Name eigentlich bedeutet ...

Sie wusste es nicht ...

All diese Unsicherheit, all dies Fragen gehörten zu ihr, zu ihrem Wesen.

Sehnsucht

Bewegt mich

Lässt mich aufbrechen

Wonach sehnt sich Bluerose

Sehnsuchtsblume

Frühlingslicht

Noch verborgen
Gut aufgehoben
Strahlst du schon hervor,
Ersehnter Frühling,
Bald wirst du dein Lied
Über die Erde aussenden
Und vieles zum Blühen bringen
Auch in mir

# IV  Auf der Suche

In ihrem Kopf und ihrem Herz trug sie all das Wissen, das sie gelesen und studiert hatte:

Sokrates nahm sie mit, „Ich weiß, dass ich nichts weiß"…

Platon und sein Höhlengleichnis nahm sie mit …

Aristoteles, den Liebhaber des Konkreten …

Aurelius Augustinus mit seinem „Blick in die Seele" …

Meister Eckehart und den „göttlichen Seelenfunken" …

René Descartes „Cogito, ergo sum"…

Gotthold Ephraim Lessing und Immanuel Kant …

und weitere Philosophen bis hin zu Martin Heidegger „Auf der Suche nach dem Sein" …

Mit diesem Gepäck ging „Bluerose" mit offenen blauen Augen los in die Weltnatur.

Auf der Suche

Suchen, um zu finden
Der Welt Weite
Suchen, um zu finden
Dein inneres Herz
Oft gefüllt mit Sehnsuchtsschmerz
Wird dir den Weg zeigen

# V  Wegerfahrung

Ihre eigene Suche begann bereits mit ihrem ersten Schritt auf dem offenen Weg, den sie immer dem Licht entgegengehen wollte.

Der zarte Frühling, ihre Aufbruchszeit, ging langsam in den farbigen Sommer über und „Bluerose" fühlte sich wohl, den grünen Weg zu durchschreiten, getragen von der nicht klar definierten Sehnsucht und der tiefen Hoffnung.

Die kleine Philosophin begegnete immer wieder verschiedenen Menschen, sie besuchte fremde Länder, betrachtete unterschiedliche Kunstwerke und lernte neue Schriftsteller kennen, die auch auf der Suche waren.

Der Sommer zeigte ihr wunderschöne Blumen, zarte Schmetterlinge umgaben ihr Haupt und flüsterten ihr geheimnisvolle Dinge ins Ohr.

Die Vögel des Waldes sangen melodische Melodien, die „Bluerose" zu deuten suchte, und sie lauschte und lauschte in inniger Versunkenheit.

In der Menschenwelt erlebte sie Personen, die ihr die eigene Lebensweise starr aufdrängen wollten.

Doch das war nicht ihr Weg.

In der Menschenwelt erlebte sie Personen, die ihr Luxus und Macht boten.

Doch das war nicht ihr Weg.

Sie hatte ihre Ideale und Ideen, die sie nie und nimmer eintauschen wollte.

„Bluerose" lernte zu unterscheiden zwischen trügerischem Schein und wirklichem Sein, zwischen Liebe und Egoismus, zwischen Wahrheit und Trug.

SEIN

Zart und zerbrechlich

Schatten und Licht

Hoffnungsblumen weisen den Weg

LEBENSSEIN NICHT SCHEIN

Die kleine Philosophin sah im Garten des Sommers auch viele Rosen, die in allen Farben blühten und strahlten, und jede wollte schöner und kostbarer erscheinen als die andere.

Eine „blaue Rose" fand sie nicht.


Immer wieder musste sie bereit sein zum Abschiednehmen und zum Weitergehen des eigenen Weges, den nur sie in tiefer Herzensüberzeugung gehen konnte.


In diesem Moment kam ihr ein Vers aus einem Gedicht von Hesse in den Sinn, den sie innig auswendig kannte, der genau ihre Stimmung widerspiegelte:


„Es muss das Herz bei jedem Lebensrufe

Bereit zum Abschied sein und Neubeginne,

Um sich in Tapferkeit und ohne Trauern

In andre, neue Bindungen zu geben.

Und jedem Anfang wohnt ein Zauber inne,

Der uns beschützt und der uns hilft zu leben."(3)


(3) Hermann Hesse lebte von1877 bis 1962.
Diese Verse stammen aus seinem Gedicht „Stufen", aus: Sämtliche Werke. Band 10. Die Gedichte. Frankfurt/Main 2002. S. 366.

Also nahm sie Abschied von der Lebendigkeit und Leuchtkraft des Sommers und ging weiter … und ein innerer Stern zeigte ihr den Weg, der allein für sie bestimmt war.

Mein innerer Stern

Du bist mir nicht fern

Wenn auch der Sommer geht

Und der Abschied mir entgegenweht

Trägt mich meine Sehnsucht weiter fort

An einen noch unbestimmten Ort

Mein innerer Stern

Du bist mir nicht fern

Ich gehe weiter

Meine Wege

# VI    Begegnung

„Bluerose" begegnete der Welt, den Menschen, der Natur und sie lernt zu unterscheiden zwischen wahrer Begegnung und flüchtigem Vorübergehen.

Dabei bekamen die Personalpronomen „Ich" und „Du" einen neuen Sinn, das „dialogische Prinzip" Martin Bubers, dessen Werk sie früher gelesen hatte, wurde mit Leben erfüllt, Lebenspersonalpronomen nannte sie das.

„Wenn wir eines Weges gehen und einem Menschen begegnen,

der uns entgegenkam und auch eines Weges ging,

kennen wir nur unser Stück, nicht das seine,

das seine erleben wir nur in der Begegnung."(4)

(Martin Buber)

---

(4) Der jüdische Religionsphilosoph lebte von 1878 bis 1965. Aus: Martin Buber, Das dialogische Prinzip. Gütersloh 2002. S.77.

Vertrauensblumen wuchsen ganz langsam, wenn diese blühten, küssten sich Himmel und Erde.

Wahre Begegnungen bleiben im Herzen haften und schaffen Herzensverbundenheit, mit offenen Herzensaugen sieht „Bluerose" die Welt und erlebt die Wahrheit des „kleinen Prinzen".

„Man sieht nur mit dem Herzen gut.

Das Wesentliche ist für die Augen unsichtbar."

„Du bist zeitlebens für das verantwortlich,

was du dir vertraut gemacht hast." (5)

Damit verbunden ist auch der tief empfundene Schmerz, die Verletzlichkeit der kleinen Seele, denn Rosen ohne Dornen gibt es nicht.

„Bluerose" spürte die Dornen und die Wunden bluteten tiefrot.

---

(5) Im „Kleinen Prinzen" von Antoine de Saint-Exupéry (franz. Schriftsteller und Pilot 1900 bis 1944) erfährt der kleine Prinz in der Begegnung dieses Geheimnis (Kapitel 21).

Herzensaugen sehen tief

Ermöglichen wahres Sehen

Bluerose sieht das Unsichtbare

Rosen mit Dornen

Hoffnungsrosen

Überall gesucht

Gefunden im Dunkeln

Dornen haben Spuren hinterlassen

Neubeginn

# VII     Verlust

Die kleine „Bluerose" hat Menschen lieb gewonnen, sie ins Herz geschlossen in tiefer Herzensverbundenheit, wie schmerzlich der Verlust sein kann, erlebte sie am eigenen Leib in ihrer Seele.

Sie sang ihre Art von Elegie:

Meine Art von Elegie

Blüten tanzten in mir,

Blumen bewegten mein Inneres,

Rosen sangen das Lied der inneren Tiefe,

Bis der Frost kam,

Alles erstarren ließ.

Aber Rosen blühen immer noch

In lebendiger Erinnerung

Und als Zeichen

Der Liebe zum Leben –

In der Begegnung mit den Gedichten von Rainer Maria Rilke und anderen tröstenden Worten fand sie etwas Ruhe in der Seele:

„Wenn etwas von uns fortgenommen wird,

womit wir tief und wunderbar zusammenhängen,

so ist viel von uns selber fortgenommen.

Gott will aber, dass wir uns wiederfinden,

reicher um alles Verlorene und vermehrt

um jenen unendlichen Schmerz." (6)

---

(6) Der Dichter Rainer Maria Rilke lebte von 1875 bis 1926.

Aus: Rainer Maria Rilke, Lektüre für Minuten. Gedanken aus seinen Büchern und Briefen, ausgewählt von Ursula und Volker Michels. Frankfurt/Main 1988. S. 155.

Die Nächte waren lang und dunkel, die Sterne erreichten „Bluerose" nicht, die bunte Rosenmelodie schwieg und wurde zum Klagelied im Seeleninneren.

Der ganz eigene Rosen-Dornen-Weg musste auch jetzt weiter gegangen werden.

Ein neuer Tag bricht an –

das Morgenrot ist zu sehen ...

Rosentraum

Innerer Raum

Mit Dornen beladen

Mein Herz trägt Trauer


Rosentraum

Innerer Raum

Gefüllt mit Licht

Ich glaube es kaum

Leben siegt

# VIII    Kinderaugen

Die Kinder der Welt waren ihr ganz besonders wichtig.

„Bluerose" setze sich dafür ein, dass Kinder besonders auch in Entwicklungsländern etwas lernen dürfen, damit diese eine Chance haben auf ein Leben in Liebe, Hoffnung und Würde.

Diese „Hilfe zur Selbsthilfe", die sie zusammen mit anderen versuchte zu schenken, brachte Blumen der Hoffnung zum Blühen.

In der Begegnung mit den Kindern lernte die kleine Philosophin viel, denn Kindermund tut viel Wahrheit kund.

Die Freude an kleinen alltäglichen Dingen schenkte ihr eine tiefe Einsicht, die sich für immer ins Herz senkte.

Dunkel traurig überschattete Welt
ohne hell leuchtende lebendige Hoffnungsblumen
gibt Kindern keine Chance zum lernenden Blühen
der bunten Zukunft entgegen


Blühende Kinder
im Sonnenschein spielend
mit leuchtenden Augen
die in eine helle Zukunft blicken


Blühende Kinder
in liebevoller Würde begleitet
sind die Zukunft der Erde


Eine farbenfrohe Lebenswelt
bunt und vielfältig wunderhell blühend
wünsch ich mir mit liebendem Blick
für die Kinder unserer Welt

# IX    Unsicherheit

Oft wurde die kleine Philosophin vor eine wichtige Entscheidung gestellt, wie sollte sie entscheiden, wie sollte es weitergehen.

Ja, Philosophie ist eine höchst praxisbezogene Sache. Nicht umsonst wurde sie früher auf der Straße betrieben anstatt in Studierstuben, das zeigt schon das Beispiel des Sokrates.

Und „Bluerose" erlebte nun die praktische Umsetzung des kategorischen Imperatives:

„Handle so, dass die Maxime deines Handelns

jederzeit zugleich als Prinzip

einer allgemeinen Gesetzgebung gelten könnte."(7)

(Immanuel Kant)

---

(7) Der Philosoph der Aufklärung Immanuel Kant lebte von 1724 bis 1804. Das Zitat vom kategorischen Imperativ stammt aus seiner „Kritik der praktischen Vernunft, § 7, A 54.

Immanuel Kant, Kritik der praktischen Vernunft. Grundlegung zur Metaphysik der Sitten, hrsg v. Wilhelm Weinschedel, Frankfurt/Main 1974.

Die „Goldene Regel" (8), die Bergpredigt aus der Bibel (9), die Gleichnisse Jesu wurden erfahrbar im Leben, in der Begegnung mit dem Weltgeschehen.

Im Einsatz für Gerechtigkeit, Menschenwürde und Frieden kam „Bluerose" fast an die Grenze ihrer Kraft, doch sie erfuhr Erfüllung im Dasein.

---

(8) Die „Goldene Regel" befindet sich im Matthäusevangelium, Mt 7,12
  „Alle, was ihr also von anderen erwartet, das tut auch ihnen."
    (vgl. Lk 6,31)

(9) Die Bergpredigt, die Rede von der wahren Gerechtigkeit
  Mt 5,1 bis 7,29
      (vgl Lk 6,20 – 26)

Der Herbst hielt Einzug in den Jahresablauf und die ersten Herbststürme tobten, mit offenen Herzensaugen erlebte „Bluerose" die bunte Vielfalt dieser Zeit, die Herbstmelodie brachte bewegte Töne, doch auch getragen von Melancholie.

Zu dem Philosophenkind

Trägt der Herbstwind

In „Blueroses" Lebenskreise

Eine besonders innige Weise

Herbstmelodie


Der Winter ruft schon

Die blaue Blume lebt auch im Schnee

Winterrose

Der Winter naht

Eine ganz gewaltige Macht

Ob er vermag, dir die Hoffnung zu rauben

Und dich dann bringt in tiefe Nacht

In dir willst du an das Leben glauben

Und das innere Licht ist da ganz sacht …

# X     Innerer Weg

In der Stille des Winters vernahm „Bluerose" ganz leise Töne im Inneren, die in ihr tanzten wie sanfte Schneeflocken zu zarter Harfenmusik.

Das Laute und Oberflächliche des Lebens übertönte oft die Herzensmelodie.

Stiller Baum

Mitten im lauten Lebenstanz

Suche ich den stillen blauen Baum,

Nur zu finden im inneren Raum,

Denn mein eigener Weg zu mir

Und meinem eigenen Lebenskranz

Führt mich ganz nahe zu dir,

Stille meines Lebens

In diesen Wintertagen konnte die kleine Philosophin ganz für sich sein, die Winterrosen blühten und gaben ihre leise Botschaft kund.

Es ist die Botschaft vom Leben, die auch im Winter singt und blüht, „Bluerose" fällt nun wieder ein, dass ihr Name eigentlich noch einen Zusatz hat, dessen Sinn sie immer suchte ... „Bluerose 131" ...


Winterrose

Ganz still

Blühend voller Leben

Ich finde meine Bestimmung

Balance

Mit offenen Armen

Balancierend auf dem Lebensweg,

Vertrauend in einen tieferen Sinn,

Umschlossen von ewiger Liebe

Gehe ich weiter –

Unsichtbare Engelsflügel

Tragen

# XI    Lichterfahrung

Dunkle Stunden mussten auf dem Rosen-Dornen-Weg durchwacht werden, oft in Unsicherheit und Angst mit schwerem Herzen ...

Es wurde kalt und finster, der Herbst ging in den Winter über.

Wer trägt sie, wer fängt sie auf???

Wer bringt sie wieder vom Dunkel zum Licht???

Wer hilft ihr aufzustehen???

???

Der Stern in der Winternacht war dunkel und sie suchte immer das Leuchten.

Durch die Dunkelheit des Daseins wurde „Bluerose" getragen.


Sanft getragen

von guten Menschen,

von der  Musik

mit Harmonie,

von der Poesie im Inneren

von unsichtbaren Händen …

Sanft getragen und aufgehoben

Unsichtbare Begleiter

Mit dem Lebensauge nicht zu fassen
Begleiten sie uns in unseren Sorgen
Fühlen können wir uns tief geborgen
Denn sie werden uns nie verlassen


Unsichtbare Begleiter

Mit dem inneren Auge zu spüren
Dass sie uns über die Lebenswege führen
Gerade auch über den reißenden Fluss
Begleitet uns der Ewigkeitskuss –

Engelsweg

Engel auf dem Weg,
Blühenden Seelensegen schenkst du mir,
Behutsam und sanft kommst du auf dem Lebensweg –
Engel auf dem Weg,
Eröffnend mir einen silberhellen Hoffnungssteg,
Der hinüberreicht in eine andere lichte Welt
von mir zu dir –
Engel auf dem Weg
Blühenden Seelensegen schenkst du mir –

# XII    Finden

Der Winter war für „Bluerose" eine tiefe Seelenzeit. Sie konnte viel nachdenken und still werden.

„Wie Samen, die unter der Schneedecke träumen,

träumen eure Herzen vom Frühling.

Vertraut diesen Träumen, denn in ihnen

Verbirgt sich das Tor zur Unendlichkeit." (10)

(Khalil Gibran)

Im Frühling hatte sie den „Traum vom Leben" gelesen, doch erst jetzt im weißen Winter wurden diese Worte in ihr lebendig.

Sie begann zu tanzen, ihr ganz eigenes Lied auf den Lippen mit der Botschaft der Liebe zum Leben.

---

(10) Khalil Gibran, Maler, Dichter und Philosoph, lebte von 1883 bis 1931.
Zitat aus: Khalil Gibran, Der Traum des Propheten. Lebensweisheiten, hrsg. von Bettina Lemke. 2005.

Rosenwinter

Das Ende der Rose naht

Ihre Leuchtkraft schwindet

Alle Kraft werde ich an den Regenbogen binden

Damit sie den Weg durch die Nacht zum Licht hin findet

Das Frühlingserwachen kommt

Sternblume

Mitten im eisigen Winter

Blühend erlebbar

Als Botschaft der Liebe

Zum Leben

Auf einmal tauchte vor ihrem geistigen Auge wieder ihr Name auf: „Bluerose 131".

Die erste Ziffer „1" steht für die Einmaligkeit und Individualität des Menschen.

Die zweite Ziffer „3" meint die drei Bereiche des Menschen: Geist, Seele, Leib oder anders ausgedrückt Kopf, Herz, Bauch.

Die Ziffer „3" wird umrahmt von der „1", von der einmaligen Individualität der Person.

Zusammen ergeben die Ziffern „131", dies ist der Psalm, den ihr die Mutter immer vorgesungen hatte:


„Ich ließ meine Seele

ruhig werden und still,

wie ein kleines Kind

bei der Mutter

ist meine Seele

still in mir."

(Psalm 131,2)

Der Frühling wird kommen,

das Leben ist kostbar,

gehe deinen Weg weiter,

„Bluerose 131"!

# XIII   Bluerose 131

Der lichte Morgen

Jede Nacht ist wie ein Tor
Zum neuen Lebensmorgen empor.
Getanzt kommt das Morgenrot geflogen
So voller Hoffnung wie ein Regenbogen.
Der neue Tag kann mir viel geben,
Denn ich liebe mein Leben.

Am Ende ist „Bluerose" bei sich daheim angekommen und geht ihren ganz eigenen Weg weiter, in der Hoffnung, dass alles so richtig ist und auch gut wird im „Dasein" in dieser Welt und im Glauben an den HIMMEL.

„Je gesammelter ein Mensch

im Innersten seiner Seele lebt,

um so stärker

ist seine Ausstrahlung,

die von ihm ausgeht." (11)

(Edith Stein)

(11) Edith Stein verstand das Leben als „Dasein für". Das Zitat stammt aus dem Buch „In der Kraft des Kreuzes". Hundert Worte von Edith Stein, hrsg. von Waltraud Herbstrith. München-Zürich-Wien 1997. S.55.

Federleicht

Ganz sanft

Mich zutiefst erreichend

Erfahre ich im Blumenlied

Frieden

## XIV    Finde deinen Weg

Die Philosophin, jetzt mit ihrem vollständigem Namen, der zu ihr gehörte, möchte ihre Erkenntnis an andere weitergeben, in sich zufrieden und erfüllt mit Licht und Liebe.


Zeichenhafter Weg

Mit Licht und Schatten

Grüne Felder der Hoffnung

Gelbe Felder der lebendigen Kraft

Rote Felder der Liebe und Kreativität

Dunkle Felder des schweren Herzens

Der Trauer und des Abschieds –

Die Unendlichkeit des blauen Himmels

Über allem strahlend und alles transzendierend

Zeigt den sinnhaften Lebensweg

Ich gehe ihn!

Glaube, Hoffnung und Liebe mögen dich
auf deinem Weg begleiten,

God bless you!

Bluerose 131

„Lichtgestalt", Kunstwerk von Helga Fleisch,
einer befreundeten Künstlerin

# Epilog

„Mein letztes Wort

Ich vertraue Deiner Liebe –

Lass dies mein letztes Wort sein." (12)

(Rabindranath Tagore)

---

Rabindranath Tagore, indischer Denker, Dichter und Musiker, erhielt 1913 den Nobelpreis für Literatur, er lebte von 1861 bis 1941.

Das Zitat entstammt dem Buch R. Tagore, Das Herz Gottes. Gebete. Freiburg 1999. S.65.

FSC
www.fsc.org
MIX
Papier | Fördert
gute Waldnutzung
FSC® C083411

Zeitfracht Medien GmbH
Ferdinand-Jühlke-Straße 7
99095 Erfurt, Deutschland
produktsicherheit@kolibri360.de